# ÉTUDE

sur

# L'Intérêt Conventionnel & Légal

## AVEC RECUEIL DE LA LÉGISLATION

## Relative aux Intérêts et à leurs Taux

PAR **E. ROLAND**

Ancien Greffier de Justice de Paix.

Imprimerie D. PRUDHOMMEAUX

*10, rue de Valenciennes, SOLESMES*

# DE L'INTÉRÊT CONVENTIONNEL ET LÉGAL

# PRÉFACE

*En publiant le Recueil de mes Notes et Recherches sur la Législation relative à l'intérêt légal et conventionnel, j'ai cru que par sa concision et sa division des matières qui le composent, il pouvait être utile à tous ceux, qui, par leurs professions, s'occupent de la pratique des Affaires Notariales et Judiciaires.*

*Ce Recueil contient la nomenclature et le texte des Lois, Décrets, Ordonnances, Circulaires et Avis du Conseil d'État, et l'Enumération de certains Arrêts et Jugements, formant la Législation et la Jurisprudence sur la matière, tant pour la Métropole, que pour l'Algérie et les diverses Administrations et Régies de l'Etat*

*Pour que l'ouvrage soit d'une utilité pratique au Lecteur, tout en lui évitant de nombreuses recherches, un chapître spécial contient le résumé des différents cas où les intérêts sont dûs, soit sur demande ou sommation — soit de plein droit — ou cessent d'être dûs.*

*Puisse ce Recueil atteindre le but que je me suis proposé : celui d'être utile à mes Anciens Collègues et aux Hommes d'affaires, j'en éprouverai une grande satisfaction.*

E. ROLAND

Ancien Clerc de Notaire et Greffier de Paix.

# ÉTUDE

# SUR L'INTÉRÊT CONVENTIONNEL ET LÉGAL

# RECUEIL

## DE LA LÉGISLATION RELATIVE AUX INTÉRÊTS

## ET A LEURS TAUX

## CHAPITRE PREMIER

### Prolégomènes

### I. — Définition de l'Intérêt

L'intérêt est le bénéfice retiré pour la privation temporaire d'une somme prêtée lorsque le contrat le stipule, ou encore une indemnité accordée de plein droit par la loi dans certains cas, ou par suite d'une demande en justice ou sur une sommation.

La stipulation d'intérêts pour prêt est permise en vertu de l'article 1905 du Code civil *(promulgué le 9 Mars 1804)*.

L'intérêt est légal ou conventionnel *(art. 1907 c. c.)*

### II. — Intérêt Légal

L'intérêt légal est celui qui est fixé par la loi et court de plein droit, sans demande en justice ni sommation *(art. 474-1473-1652-2001 c. c.)*; il prend aussi le nom de *moratoire* et *compensatoire* : 1° MORATOIRE, quand il est dû par suite du retard dans le remboursement d'une créance ; il n'est dû qu'à partir de la mise en demeure de payer, faite par une demande en justice ou par une sommation *(art. 474-1652-1904 c. c.)* excepté dans le cas où la loi le fait courir de plein droit, le tout sans préjudice de tous autres dommages intérêts, en cas de mauvaise foi de la part du débiteur, dans le retard apporté au paiement *(art. 1153 c. c.)* ; 2° COMPENSATOIRE, quand il est accordé au créancier dans différentes circonstances prévues par la loi, lorsque le débiteur a conservé par devers lui les sommes dont il ne devait pas rester possesseur.

L'intérêt légal, moratoire ou compensatoire, est judiciaire lorsqu'il est accordé en justice.

## III. — Intérêt Conventionnel

On appelle intérêt conventionnel, celui qui a été stipulé entre les parties contractantes dans l'acte de prêt ; il ne peut excéder celui de la loi, toutes les fois que la loi ne le prohibe pas *(art. 1907 c. c.)*

Pour être exigible, il faut que le taux soit fixé par écrit *(art. 1907 c. c.)*

Les articles 1905 et 1907 du Code civil en vertu desquels l'intérêt conventionnel est permis pour les prêts, ayant été promulgués le 8 Mars 1804, ne contiennent dans leurs textes aucune modification à la loi du 11 Avril 1793 (qui permettait des prêts à un taux facultatif) si ce n'est l'obligation de constater par écrit le taux de l'intérêt de la somme prêtée ; mais une loi du 3 Septembre 1807, a fixé :

1° Pour l'intérêt conventionnel, un taux qui ne peut être supérieur à 5 0/0 en matière civile, et à 6 0/0 en matière de commerce. (Voir *loi du 12 Janvier 1886* qui a abrogé les dispositions relatives à l'intérêt conventionnel en matière de commerce).

2° Et pour l'intérêt légal, le taux à 5 0/0 en matière civile et à 6 0/0 en matière commerciale. (Voir *loi du 7 Avril 1900* réduisant ces derniers taux en matière civile à 4 0/0 et en matière de commerce à 5 0/0. )

Par suite, le paragraphe de l'article 1907 du code civil qui admet que l'intérêt conventionnel peut excéder celui de la loi, toutes les fois que la loi ne le prohibe pas, se trouve tacitement abrogé par la loi du 3 Septembre 1807.

Des dispositions qui sont ci-devant énoncées découle la conséquence que l'intérêt conventionnel ne peut excéder 5 0/0 en matière civile, et est facultatif en matière commerciale.

*« Il est ici observé que Mourlon, dans ses répétitions écrites « sur le Code civil, Tome III, p. 443, émet l'opinion que la loi « du 3 Septembre 1807, n'a limité l'intérêt qu'en matière de « prêts d'argent, tandis que l'article 1905 permettait de stipuler « un intérêt à la faculté des parties, soit pour prêt d'argent, « soit encore pour prêt de denrées ou autres choses mobi- « lières, et qu'il en résulterait que pour les prêts de denrées « ou autres choses mobilières, on peut encore aujourd'hui « stipuler un intérêt supérieur à 5 et 6 0/0.*

*« Cette opinion n'est pas partagée par Toullier qui enseigne « le contraire. »*

## IV. — Anatocisme

L'anatocisme est la capitalisation des intérêts ou des revenus tels que fermages, loyers, arrérages de rentes perpétuelles ou viagères, dûs au moins pour une année échue pour en faire produire des intérêts ; l'anatocisme est permis par l'article 1154 du Code civil et ne peut exister que par une convention, une sommation ou une demande judiciaire.

Le taux est conventionnel dans le premier cas et légal dans les deux autres cas.

## V. — Taux

On désigne par taux de l'intérêt, le montant de la rétribution annuelle d'une somme de 100 francs prêtée ou due pour toute autre cause, réglé soit par les parties, soit légalement ; dans le premier cas, il est dénommé taux conventionnel, et dans le second, taux légal.

La législation sur la fixation du taux de l'intérêt conventionnel et légal a subi plusieurs modifications depuis un siècle ; elle est à ce jour régie par les lois des 3 Septembre 1807, 12 Janvier 1886 et 7 Avril 1900.

Il a été spécialement légiféré en ce qui concerne l'Algérie pour la réglementation du taux des intérêts, soit légaux, soit conventionnels, par l'ordonnance du 7 Décembre 1835, l'arrêté du 4 Novembre 1848, le décret du 11 Novembre 1849 et les lois des 27 Août 1881 et 29 Janvier 1898.

Voici succinctement résumées les diverses phases légales qu'a subies la réglementation du taux des intérêts.

I. Sous l'empire de la loi du 3 Septembre 1807 :

(a) **L'intérêt conventionnel ne peut excéder :**

| | | |
|---|---|---|
| En matière civile. . . . . | 5 0/0 | sans retenue. |
| En matière de commerce . . | 6 0/0 | |

(b) **L'intérêt légal est :**

| | | |
|---|---|---|
| En matière civile de . . . | 5 0/0 | sans retenue. |
| En matière de commerce de . | 6 0/0 | |

II. La Loi du 12 Janvier 1886 est venue modifier celle du 3 Septembre 1807, en abrogeant les dispositions relatives à l'intérêt conventionnel, en matière de commerce seulement, de sorte que :

(a) **L'intérêt conventionnel est fixé comme suit :**

En matière civile, au même taux de 5 0|0 au maximum.
En matière commerciale, non limité et par suite libre.

(b) **L'intérêt légal est resté :**

En matière civile de 5 0|0.
En matière de commerce de 6 0|0.

III. Une dernière loi en date du 7 Avril 1900. a ramené le taux de l'intérêt légal seulement :

En matière civile à 4 0|0.
En matière de commerce à 5 0|0.

En résumé en l'état actuel de la législation le taux se trouve fixé pour :

*Premièrement :* L'Intérêt Conventionnel.

En matière civile à 5 0|0 au maximum.
En matière de commerce : non limité.

*Et deuxièmement :* L'Intérêt Légal.

En matière civile à 4 0|0.
En matière de commerce à 5 0|0.

## VI. — Usure — Pénalité

On appelle usure la perception d'un intérêt excédant celui qui est permis par la loi.

L'usure constitue un délit qui trouve sa sanction pénale dans la loi du 19 Décembre 1850.

## VII. — Prescription

Les intérêts des sommes prêtées et généralement tout ce qui est payable par année ou à des termes périodiques plus courts, se prescrivent par cinq ans *(art. 2277 du Code civil).*

## CHAPITRE DEUXIÈME

### Notes sur l'ancien régime des Intérêts et du Taux des Rentes.

Nos ancêtres, d'accord avec les théologiens, ont enseigné que le prêt à intérêt est défendu par la loi divine *(voir Toullier, Tome XXI, p. 264)*. Ce principe a été légalement consacré par une déclaration de Philippe-le-Bel, en date à Poissy du 8 Décembre 1312, et ensuite par l'ordonnance de Blois de Mai 1579, qui défendaient des prêts de deniers à profits et intérêts, sous peine pour la première fois, d'amende honorable, bannissement et condamnation en grosses amendes ; pour la seconde, confiscation de corps et de biens. Ces anciennes théories ont été observées jusqu'à la grande époque de la Révolution où les économistes et les législateurs leur ont substitué les principes qui régissent actuellement la matière.

L'Assemblée constituante permit le prêt à intérêt par son décret du 3 Octobre 1789 ; le Code civil et les lois postérieures l'ont maintenu tout en lui fixant un taux maximum et une sanction pénale pour la perception d'un taux excessif constituant le délit d'usure.

D'après Toullier dans ses explications sur le Code civil, Tome XXI, p. 299, sous Justinien (527) l'intérêt était limité à :

4 0/0 lorsque le prêt était fait à des personnes illustres ou supérieures

| | | |
|---|---|---|
| 8 0/0 | id. | à des commerçants. |
| 4 0/0 et 1/6 0/0 au maximum | id. | à des cultivateurs. |
| 6 0/0 | id. | à toutes autres personnes. |

12 0/0 dans les prêts maritimes.

L'intérêt moratoire était fixé quel que soit le caractère du prêt à 6 0/0.

Le même auteur enseigne en outre que l'empereur Constantin établit la centésime, c'est-à-dire limita à 12 0/0 le maximum de l'intérêt dans les prêts d'argent ; il était permis pour les prêts de denrées, de percevoir 3 pour 2.

Les rentes perpétuelles, ont été constituées à des taux différents suivant les époques où elles étaient créées.

| | | | |
|---|---|---|---|
| Antérieurement à . . . . | 1596 le taux était de | | 10 0/0 |
| De cette époque à . . . . | 1601 | id. | 8.30 0/0 |
| | De 1601 à 1634 | id. | 6 1/4 0/0 |
| | De 1634 à 1665 | id. | 5.55 0/0 |
| | De 1665 à 1720 | id. | 5 0/0 |
| | De 1720 à 1724 | id. | 2 0/0 |
| | De 1724 à 1725 | id. | 3.33 0/0 |
| | De 1725 à 1807 | id. | 5 0/0 |

## CHAPITRE TROISIÈME

### I. — Législation

Sous cette rubrique nous allons indiquer par ordre chronologique toutes les lois, les décrets, ordonnances, avis du Conseil d'Etat, et circulaires traitant de l'intérêt, du taux et des différents cas où ils sont dûs.

§ 1er *Nomenclature des lois et décrets relatifs aux intérêts et à leurs taux.*

1° Décret de l'Assemblée constituante du 3 Octobre 1789.

2° Décret du 11 Avril 1793.

3° Décret du 6 Floréal an III.

4° Code civil :

Articles 456, 474, promulgués le 26 Mars 1803 ; 584, 609, 612, promulgués le 30 Janvier 1804 ; 856, promulgué le 9 Avril 1803 ; 1139, 1153, 1155, 1165, 1207, 1235, 1254, promulgués le 7 Février 1804 ; 1409, 1440, 1473, 1479, 1548, 1549, 1570, promulgués le 10 Février 1804 ; 1620, 1652, promulgués le 6 Mars 1804 ; 1846, promulgué le 8 Mars 1804 ; 1904, 1905, promulgués le 9 Mars 1804 ; 1936 promulgué le 14 Mars 1804 ; 1996, promulgué le 10 Mars 1804 ; 2001, 2028, promulgués le 14 Février 1804 ; 2277, promulgué le 15 Mars 1804.

5° Code de procédure civile :

Articles 57, 128, promulgués le 14 Avril 1806 ; 464, promulgué le 27 Avril 1806 ; 816, promulgué le 2 Mai 1806.

6° Code de commerce :

Articles 184, 185, 187, promulgués le 21 Septembre 1807 ; 445, promulgué le 8 Juin 1838.

7° Loi du 3 Septembre 1807.

8° Loi du 19 Décembre 1850.

9° Loi du 12 Janvier 1886.

10° Loi du 7 Avril 1900.

§ 2e *Nomenclature des documents législatifs concernant l'Algérie et l'Indo-Chine.*

1° Ordonnance du 7 Décembre 1835.

2° Arrêté du 4 Novembre 1848.

3° Décret du 11 Novembre 1849.

4° Loi du 27 Août 1881.

5° Décret du 29 Janvier 1898.

6° Loi du 30 Juin 1904.

§ 3e *Nomenclature des lois, décrets, ordonnances et avis du Conseil d'Etat, ayant trait aux administrations de l'Etat.*

1° Décret du 20 Août 1792.
2° Loi du 24 Août 1793.
3° Décret du 8 Ventôse, an XIII.
4° Avis du Conseil d'Etat du 20 Juillet 1808.
5° Avis du Conseil d'Etat du 24 Mars 1809.
6° Avis du Conseil d'Etat du 13 Avril 1809.
7° Ordonnance du 13 Octobre 1819.
8° Loi du 9 Juin 1853.
9° Loi du 9 Juin 1857.
10° Circulaire du 7 Mars 1899.

## II. — Texte des Lois, Décrets et autres documents énumérés à la section précédente.

Dans cette section, nous ne transcrirons pas le texte des divers articles du Code civil, du Code de procédure civile, du Code de commerce, pour lesquels nous renvoyons le lecteur à ces divers codes.

### § PREMIER

#### 1° *Décret des 3-12 Octobre 1789, concernant le prêt à intérêt.*

L'Assemblée nationale a décrété que tous les particuliers, corps, communautés et gens de main-morte, pourront à l'avenir prêter l'argent à terme fixe, avec stipulation d'intérêt, suivant le taux déterminé par la loi, sans entendre rien innover aux usages du commerce.

« **Nota.** — *Par ce décret on pouvait en matière commer- « ciale prêter au taux qu'il plaisait aux parties de fixer (le « cours indiqué par les négociants) et en matière civile, au « taux de 5 0[0 ».*

*2° Décret du 11 Avril 1793*

Par ce décret il était permis aux parties de stipuler tel intérêt qu'il leur plaisait de fixer, même en matière civile. 5, 10, 20 0/0 et plus.

*3° Décret du 6 Floréal an III*

Ce décret abroge celui du 11 Avril 1793.

*4° Loi du 3 Septembre 1807, sur le taux de l'intérêt de l'argent.*

ART. 1er. — L'intérêt conventionnel ne pourra excéder cinq pour cent en matière civile, ni six pour cent en matière de commerce, le tout sans retenue *(modifié par la loi du 12 Janvier 1886).*

ART. 2. — L'intérêt légal sera, en matière civile, de cinq pour cent, et en matière de commerce, de six pour cent, sans retenue.

ART. 3. — Lorsqu'il sera prouvé que le prêt conventionnel a été fait à un taux excédant celui qui a été fixé par l'article 1er, le prêteur sera condamné par le tribunal saisi de la contestation, à restituer cet excédant s'il l'a reçu, ou à souffrir la réduction sur le capital de la créance, et pourra même être renvoyé s'il y a lieu devant le tribunal correctionnel pour y être jugé conformément à l'article suivant *(modifié par la loi du 19 Décembre 1850).*

ART. 4. — Tout individu qui sera prévenu de se livrer habituellement à l'usure, sera traduit devant le tribunal correctionnel, et en cas de conviction, condamné à une amende qui ne pourra excéder la moitié des capitaux qu'il aura prêtés à usure. S'il résulte de la procédure, qu'il y a eu escroquerie de la part du prêteur, il sera condamné, outre l'amende ci-dessus, à un emprisonnement qui ne pourra excéder 2 ans *(modifié par la loi du 19 Décembre 1850).*

Art. 5. — Il n'est rien innové aux stipulations d'intérêt par contrats ou actes faits jusqu'au jour de la présente loi.

5° *Loi du 19 Décembre 1850, relative au délit d'usure.*

Les articles 3 et 4 de la loi du 3 Septembre 1807, sont modifiés ainsi qu'il suit :

Art. 1er. — Lorsque dans une instance civile ou commerciale, il sera prouvé que le prêt conventionnel a été fait à un taux supérieur à celui fixé par la loi, les perceptions excessives seront imputées de plein droit aux époques où elles auront eu lieu, sur les intérêts légaux alors échus, et subsidiairement sur le capital de la créance. — Si la créance est éteinte en capital et intérêts, le prêteur sera condamné à la restitution des sommes indûment perçues, avec intérêts du jour où elles lui auront été payées. — Tout jugement civil ou commercial constatant un fait de cette nature sera transmis par le greffier au Ministère public dans le délai d'un mois, sous peine d'une amende qui ne pourra être moindre de 16 francs, ni excéder 100 francs.

Art. 2. — Le délit d'habitude d'usure sera puni d'une amende qui pourra s'élever à la moitié des capitaux prêtés à usure, et d'un emprisonnement de six jours à six mois.

Art. 3. — En cas de nouveau délit d'usure, le coupable sera condamné aux maximum des peines prononcées par l'article précédent, et elles pourront être élevées jusqu'au double sans préjudice des cas généraux de récidive, prévus par les articles 57 et 58 du code pénal. Après une première condamnation pour l'habitude d'usure, le nouveau délit résultera d'un fait postérieur, même unique, s'il s'est accompli dans les cinq ans, à partir du jugement ou de l'arrêt de condamnation.

ART. 4. — S'il y a eu escroquerie de la part du prêteur, il sera passible des peines prononcées par l'article 405 du Code pénal, sauf l'amende, qui demeurera réglée par l'article 2 de la présente loi.

ART. 5. — Dans tous les cas, et suivant la gravité des circonstances, les tribunaux pourront ordonner, aux frais du délinquant, l'affichage du jugement et son insertion par extrait dans un ou plusieurs journaux du département.

ART. 6. — Ils pourront également appliquer dans tous les cas, l'article 463 du Code pénal.

ART. 7. — L'amende prévue par le dernier paragraphe de l'article 1er sera prononcée à la requête du ministère public, par le tribunal civil.

### 6° *Loi du 12 Janvier 1886*

Les lois des 3 Septembre 1807 et 19 Décembre 1850, dans leurs dispositions relatives à l'intérêt conventionnel sont abrogées en matière de commerce ; elles restent en vigueur en matière civile.

### 7° *Loi du 7 Avril 1900*

ART. 1er. — L'intérêt légal sera en matière civile de 4 0/0 et en matière de commerce de 5 0/0.

ART. 2. — Les articles suivants du Code civil sont modifiés et complétés comme suit :

Art. 1153. — Dans les obligations qui se bornent au paiement d'une certaine somme, les dommages et intérêts résultant du retard dans l'exécution, ne consistent jamais que dans la condamnation aux intérêts fixés par la loi, sauf les règles particulières au commerce et au cautionnement.

Ces dommages et intérêts sont dûs, sans que le créancier soit tenu de justifier d'aucune perte.

Ils ne sont dûs que du jour [de la demande] (ancien texte supprimé) *de la sommation de payer*, excepté dans les cas où la loi les fait courir de plein droit.

*Le créancier auquel son débiteur en retard a causé, par sa mauvaise foi, un préjudice indépendant du retard, peut obtenir des dommages intérêts distincts des intérêts moratoires de la créance* (texte ajouté).

Art. 1904. — Si l'emprunteur ne rend pas les choses prêtées ou leur valeur au terme convenu, il en doit l'intérêt du jour *de la sommation* ou de la demande en Justice.

Ar. 3. — Les dispositions contraires à la présente loi sont abrogées.

**Observation.** — *Les modifications ou suppressions résultant de la loi du 7 Avril 1900, sont indiquées en caractères italiques.*

## § DEUXIÈME

### 1° *Ordonnance du 7 Décembre 1835*

Art. 1er. — Dans les possessions Françaises, au Nord de l'Afrique, la convention sur le prêt fait la loi des parties.

Art. 2. — L'intérêt légal à défaut de convention et jusqu'à ce qu'il soit autrement ordonné sera de 10 0/0 tant en matière civile qu'en matière de commerce.

*2° Arrêté du 4 Novembre 1848*

Art. 1er. — L'intérêt légal en Algérie, en matière civile ou commerciale sera de 10 0/0 sans retenue.

Art. 2. — L'intérêt conventionnel ne pourra en aucun cas, exéder le taux légal, sous les peines portées par les articles 3 et 4 de la loi du 3 Septembre 1807.

Art. 3. — Il n'est rien innové aux stipulations d'intérêts par contrats ou autres actes faits jusqu'au jour de la publication du présent arrêté.

Art. 4. — L'ordonnance du 7 Décembre 1835 sur l'intérêt légal et conventionnel en Algérie est abrogée.

*3° Décret du 11 Novembre 1849*

Art. unique. — L'arrêté du chef du pouvoir exécutif du 4 Novembre 1848, est rapporté ; l'ordonnance du 7 Décembre 1835, continuera à recevoir son exécution en Algérie.

*4° Loi du 27 Août 1881*

Par cette loi le taux de l'intérêt légal en Algérie est fixé à 6 0/0.

*5° Décret du 29 Janvier 1898*

Art. 1er. — En Algérie, l'intérêt conventionnel est libre en matière de commerce, sous la condition par les parties, de se conformer aux dispositions légales sur les conventions et le prêt à intérêt.

L'intérêt conventionnel ne peut excéder en matière civile 10 0/0. Toute convention ou pratique contraire constitue une usure.

ART. 2. — Lorsque dans une instance civile, il sera prouvé que le prêt conventionnel a été fait à un taux supérieur à celui fixé par le présent décret, les perceptions excessives seront imputées de plein droit aux époques où elles auront eu lieu, sur les intérêts légaux alors échus et subsidiairement sur le capital de sa créance.

Si la créance est éteinte en principal et intérêts, le prêteur sera condamné à la restitution des sommes indûment perçues, avec intérêt du jour où elles auront été payées.

Tout jugement civil constatant un fait de cette nature sera transmis par le greffier au Ministère public dans le délai d'un mois, sous peine d'une amende qui ne pourra être moindre de 16 francs, ni excéder 100 francs.

ART. 3. — Le délit d'habitude d'usure sera puni d'une amende qui pourra s'élever à la moitié des capitaux prêtés à usure, et d'un emprisonnement de 6 jours à 6 mois.

ART. 4. — En cas de nouveau délit d'usure, le coupable sera condamné au maximum des peines prononcées par l'article précédent et elles pourront être élevées jusqu'au double, sans préjudice des cas généraux de récidive prévus par les articles 57 et 58 du Code pénal.

Après une première condamnation pour habitude d'usure, le nouveau délit résultera d'un fait postérieur, même unique, s'il est accompli dans les cinq ans à partir du jugement ou de l'arrêt de condamnation.

Art. 5. — S'il y a eu escroquerie de la part du prêteur, il sera passible des peines prononcées par l'article 405 du Code pénal, sauf l'amende qui demeurera réglée par l'article 3 du présent décret.

Art. 6. — Dans tous les cas et suivant la gravité des circonstances, les tribunaux pourront ordonner aux frais du délinquant, l'affichage du jugement et son insertion par extrait dans un ou plusieurs journaux du département.

Art. 7. — Ils pourront appliquer également, dans tous les cas, l'article 463 du Code pénal.

Art. 8. — L'amende prévue par le dernier paragraphe de l'article 2, sera prononcée à la requête du ministère public par le tribunal civil.

Art. 9. — L'ordonnance sus-visée du 7 Décembre 1835 est abrogée.

### 6° *Loi du 30 Juin 1904*

Sont promulgués et déclarés applicables en Indo-Chine, les articles 2 et 3 de la loi du 7 Avril 1900 portant modification aux articles 1153 et 1904 du Code civil.

## § TROISIÈME

### 1° *Loi du 24 Août 1793* (Dette publique)

Art. 156. — Tous les débets arriérés antérieurs à l'année précédente, seront payés à la Trésorerie Nationale par le Payeur principal de la dette publique et dans tous les cas, aucun créancier ne pourra réclamer que les cinq dernières années avant le semestre courant.

### 2° *Décret du 8 Ventôse an XIII*

Art. 1er. — Les rentes viagères, dont les arrérages n'auront point été réclamés pendant 3 années consécutives, à compter de l'échéance du dernier semestre payé, seront présumées éteintes, et ne seront plus comprises dans les états de paiement.

Art. 2. — Ces rentes pourront néanmoins être rétablies sur les états de paiement, lorsque les ayants-droit auront justifié au Trésor de leur existence par un certificat de vie en bonne forme. Dans ce cas les arrérages échus seront acquittés au Trésor à Paris, sauf les dispositions de l'article 156 de la loi du 24 Août 1793, d'après lesquelles les arrérages de rentes ne peuvent être réclamés pour plus de cinq années.

### 3° *Avis du Conseil d'Etat du 20 Juillet 1808 sur les intérêts à payer par les préposés des Administrations qui se trouvent en débet.*

Le Conseil d'État. . . Vu la loi du 28 Pluviose an III et l'article 1996 du Code Napoléon. Considérant que tout comptable de deniers publics quel qu'il soit, doit l'intérêt des sommes qu'il a tardé de verser ou d'employer conformément aux instructions et des sommes qu'il a détournées à dater du jour où il aurait dû les verser ou les employer ; que les débets réels ou ceux qui constituent le comptable reliquataire par suite de vérification de calculs ou de la situation de la caisse et ceux qui constatent qu'il a commis des soustractions de recettes, sont les seuls passibles d'intérêts, et que les intérêts doivent être calculés à partir des époques auxquelles les instructions et le régime particulier des diverses régies et administrations imposent aux comptables l'obligation de verser le produit de leurs recouvrements et les constituent en retard.

Est d'avis : 1° Que l'article 1996 du Code civil est applicable de plein droit aux débets des préposés de l'administration, de l'enregistrement et des domaines, qui doivent en payer l'intérêt à 5 0/0 par an ;

2° Que lorsqu'il s'agira de soustraction de recettes ou de déficit quelconque dans la caisse, au moment où les préposés devront solder leurs comptes, les intérêts commenceront à courir au moment où devaient se faire les versements ;

3° Que pour les erreurs de calcul qui par leur modicité, ne peuvent être considérées comme des infidélités, les intérêts ne doivent courir qu'à compter du jour de la signification du procès-verbal qui en constatera le montant, déduction faite de celles à la perte du préposé ;

4° Que pour les débets par force majeure tels que vol de caisse, les intérêts ne doivent commencer à courir que du jour où la somme volée a été mise à la charge du comptable ;

5° Qu'il n'est pas dû d'intérêts pour les débets fictifs, provenant de paiements faits par ordre, mais pour un autre service et dont la régularisation ne peut s'opérer que sur l'ordonnance d'un Ministre ou résultant de l'inadmission des pièces de dépenses lorsque leur régularisation ne dépend pas du préposé, ou que si elle en dépend, les intérêts ne commencent à courir que du jour où il a été mis en demeure ;

6° Que toutes les contestations qui s'élèveront entre l'Administration et les préposés, tant sur les demandes d'intérêts dont il s'agit, que sur toute autre question relative à leur comptabilité, doivent être soumises à la décision du Ministre des Finances sauf le recours au Conseil d'Etat ;

7° Que toutes les dispositions ci-dessus sont applicables à toutes les Administrations et régies des contributions directes.

*4° Avis du Conseil d'Etat du 24 Mars 1809*

La Caisse d'amortissement doit rejeter à l'avenir, toute demande d'intérêts qui remonteraient au-delà de 5 ans, si la prescription n'a été interrompue.

*5° Avis du Conseil d'Etat du 13 Avril 1809.*

Le Conseil d'Etat est d'avis que les réclamations non appuyées de toutes pièces justificatives présentées par des créanciers d'arrérages de rentes sur l'Etat, ne peuvent interrompre la prescription qu'autant que dans le délai d'un an, du jour de la réclamation, le créancier se mettra en règle et présentera toutes les pièces justificatives de la légitimité de sa demande.

*6° Ordonnance du 13 Octobre 1819*

ART. 3. — La prescription des arrérages des rentes viagères et pensions n'aura lieu savoir : pour les rentes viagères que dans le délai de *cinq ans*, conformément au décret du 8 Ventôse an XIII et à l'article 156 de la loi du 24 Août 1793 ; et pour les pensions, que dans le délai de *trois ans*, conformément à l'arrêté du 15 Floréal an II,

*7° Loi du 9 Juin 1853*

ART. 30. — Les pensions et secours annuels sont payés par trimestre ; ils sont rayés du Trésor après *trois ans* de non réclamation, sans que leur rétablissement donne lieu à aucun rappel d'arrérages antérieurs à la réclamation. La même déchéance est applicable aux héritiers ou ayants cause des pensionnaires qui n'auront pas produit la justification de leurs droits dans les *trois ans* qui suivront la date du décès de leur auteur.

8° *Loi du 9 Juin 1857*

Art. 8. — La Banque de France pourra si les circonstances l'exigent, élever au-dessus de 6 0/0 le taux de ses escomptes et l'intérêt de ses avances.

9° *Circulaire du 7 Mars 1899*

Par décision en date du 28 Novembre 1898, prise sur l'avis de la Commission de surveillance, de la Caisse des Dépôts et Consignations et approuvée par M. le Ministre des Finances, le taux d'intérêt alloué aux sommes versées par les établissements publics à la Caisse des Dépôts et Consignations a été réduit à 1.50 0/0 à partir du 1er Janvier 1899.

Les fonds provenant des legs et fondations sont assimilés à ceux que versent les établissements publics.

## CHAPITRE QUATRIÈME

### Nomenclature des différents cas où les Intérêts sont dûs sur demande ou sommation — de plein droit — où cessent d'être dûs.

### § 1er. — *Intérêts qui courent en vertu de Sommation Demande Judiciaire ou de Convention.*

1° Le débiteur doit les intérêts lorsqu'il est constitué en demeure par une sommation, une demande judiciaire ou autre acte équivalent, ou sans qu'il soit besoin de stipulation lorsque la convention porte que par la seule échéance du terme, il sera en demeure *(art. 1139, 1153, 1904 du Code civil)*.

2° Lorsqu'il y a plusieurs débiteurs solidaires la demande d'intérêts formée contre l'un d'eux est suffisante pour faire courir les intérêts à l'égard de tous *(art. 1207 Code civil)*.

3° Les intérêts d'une créance peuvent produire eux-mêmes des intérêts, soit en vertu de convention, soit sur une demande judiciaire ou sommation, pourvu qu'il s'agisse d'intérêts dus au moins pour une année (*art. 1153, 1154 c. c.*)

4° Il en est de même pour les restitutions de fruits et les intérêts payés par un tiers, au créancier, en l'acquit du débiteur (*art, 1155 c. c.*)

5° Les créances personnelles entre époux, ne portent intérêt que du jour de la demande en justice (*art. 1479 Code civil*).

6° Le dépositaire d'une somme d'argent n'en doit l'intérêt que du jour où il a été mis en demeure de payer. (*art. 1936 c. c.*).

7° Le mandataire doit l'intérêt des sommes dont il est reliquataire à compter du jour de la mise en demeure. (*art. 1996 c. c.*).

8° Les intérêts du reliquat de compte dû au tuteur par le mineur, ne courent que du jour de la sommation. (*art. 474 c. c.*).

9° Une citation en conciliation fait courir les intérêts, le tout pourvu que la demande soit formée dans le mois à dater du jour de la non comparution ou de la non conciliation (*art. 57 c. p. c.*).

10° L'intérêt des frais de protêt, rechange et autres frais légitimes, n'est dû qu'à compter du jour de la demande en justice (*art. 185 c. com.*).

### § 2e. — *Intérêts qui courent de plein droit*

Les intérêts sont dûs de plein droit :

1° Pour les remplois et récompenses dûs par la communauté aux époux et les récompenses et indemnités par eux dues à la communauté, à partir du jour de la dissolution de la communauté (*art. 1473 c. c.*)

2° Pour les reprises dues par la communauté aux époux, à compter du jour de la dissolution de la communauté, bien que l'époux créancier ait renoncé à la communauté. (*Arrêt de la Cour de cassation du 3 Février 1835*).

3° Pour les dots constituées, à compter du jour du mariage, qu'il y ait ou non terme pour le paiement, s'il n'y a stipulation contraire (*art. 1548 c. c.*).

4° Pour les prix de vente, jusqu'au paiement du capital :

*S'il a été ainsi convenu lors de la vente.*

*Si la chose vendue et livrée produit des fruits ou autres revenus.*

*Si l'acheteur a été sommé de payer ; dans ce dernier cas, l'intérêt ne court que du jour de la sommation* (art. 1652 c. c.).

5° Pour la chose déposée si elle a produit des fruits qui auraient été perçus par le dépositaire ; dans ce cas, ce dernier est obligé de les restituer (*art. 1936 c. c.*)

6° Pour les sommes que le mandataire a employées à son usage, à partir de cet emploi (*art. 1996 c. c.*).

7° Pour les avances faites par le mandataire, à dater du jour où elles sont constatées (*art. 2001 c. c.*).

8° Pour les sommes versées tardivement ou non versées par les préposés des Administrations conformément aux instructions, ou volées et soustraites (*avis du Conseil d'Etat du 20 Juillet 1808*).

9° Pour les sommes non employées par le tuteur dans les six mois, et à partir de ce délai (*art. 456 c. c.*).

10° Pour le reliquat du compte de tutelle dû par le tuteur, à compter de la clôture (*art. 474 c. c.*).

11° Pour les sommes avancées par le nu-propriétaire pour charges imposées pendant l'usufruit ; dans ce cas l'usufruitier tient compte des intérêts (*art. 609-612 c. c.*).

12° Pour les choses sujettes à rapport, (*les fruits et les intérêts*) à compter du jour de la succession (*article 856 c. c.*).

13° Pour la dot à restituer (*régime dotal*) à compter de la dissolution du mariage, par la mort de la femme ; en cas de dissolution du mariage par la mort du mari, sa veuve peut exiger les intérêts de sa dot pendant l'année du deuil (*art. 1570 c. c.*).

14° Pour le supplément du prix résultant d'un excédent de mesure (*art. 1620 c. c.*).

15° Par l'associé, pour les sommes non versées et qu'il devait apporter, à compter du jour où elles devaient être payées, et pour les sommes qu'il a prises dans la caisse sociale, à compter du jour où il en a tiré son profit particulier (*art. 1846 c. c.*).

16° Pour le principal de la lettre de change protestée faute du paiement, à compter du jour du protêt (*art. 184 c. com.*).

17° Pour les sommes indûment perçues comme usure (*art. Ier, Loi du 19 Décembre 1850 et 2 du Décret du 29 Janvier 1898*).

18° Pour les sommes avancées par l'usufruitier pour le paiement des dettes grevant le fonds soumis à l'usufruit, à compter du jour de l'extinction de l'usufruit. (*cas. 23 Avril 1860*).

## § 3e — Cessation des Intérêts.

Les intérêts cessent d'être dus :

1° En cas de consignation par suite de validation des offres réelles faites par le débiteur ; les sommes consignées étant alors aux risques et périls du créancier (*article 816 c. p. c.*).

2° En cas de faillite, à partir du jugement déclaratif de cette faillite, à l'égard de la masse seulement, pour les créances non garanties par un privilège, par un nantissement ou par une hypothèque ; les intérêts des créances garanties ne peuvent être réclamés que sur les sommes provenant des biens affectés au privilège, à l'hypothèque ou au nantissement (*art. 445 c. com.*).

3° En cas de liquidation judiciaire, à partir du jugement qui déclare cette liquidation ouverte, mais seulement à l'égard de la masse, pour toute créance non garantie par un privilège, par un nantissement ou par une hypothèque.

Les intérêts des créances garanties ne peuvent être réclamés que sur les sommes provenant des biens affectés au privilège, à l'hypothèque ou au nantissement (*art. 8 loi du 4 Mars 1889*).

## CHAPITRE CINQUIÈME

### Jurisprudence

Par arrêt de la Cour de Lyon du 19 Août 1853, il a été jugé par la règle qui soumet le tuteur à l'obligation de tenir compte de l'intérêt des intérêts de toutes les sommes dont il n'a pas fait emploi dans les 6 mois, cesse d'être applicable, à partir de la cessation de la tutelle ; dans ce cas il y a lieu d'appliquer le droit commun.

Le tuteur peut réclamer les intérêts des avances qu'il a faites pour son pupille, à partir du jour où ces avances ont été faites, soit qu'elles aient été autorisées par le Conseil de famille, ou qu'elles aient eu pour but de pourvoir aux besoins du mineur, par application de l'article 2001 Code civil (*Caen, 6 Janvier 1872, cassation 20 Décembre 1867 et Douai 23 Novembre 1874*).

La Cour de Lyon a jugé la négative par arrêt du 6 Février 1835, en décidant que les intérêts ne sont dus qu'à partir du jour de la sommation dans les termes de *l'article 474 c. c.*

Les intérêts du capital avancé par l'usufruitier pour le paiement des dettes grevant le fonds soumis à l'usufruit, courent de plein droit contre le nu-propriétaire du jour de l'extinction de l'usufruit (*cas. 23 Avril 1860.*)

Il est généralement admis que le co-héritier qui fait le rapport en moins prenant, doit les intérêts du prix de l'immeuble qu'il a aliéné, mais non la somme équivalente aux fruits que l'immeuble produisait au moment de la vente (*cas. 5 Juillet 1876, Toulouse 1er Février 1877*).

Quand deux commerçants sont en compte courant, ils se doivent réciproquement l'intérêt pour leurs opérations de commerce (*cas. 4 Juillet 1832*).

Il est dû des intérêts de plein droit, pour les sommes avancées, et figurant dans un compte courant, à partir des avances constatées (*cas. 8 Mars 1853, 24 Mai 1854*).

Les intérêts d'un capital, dont la demande est formée en justice, ne courent qu'autant que la demande exprime le montant de la créance, ou qu'ils soient indiqués dans des conclusions faisant suite à la demande ; dans ce dernier cas, ils ne courent que du jour où les conclusions sont produites (*cas. 30 Mars 1852*). L'opinion contraire a été émise par la Cour de cassation, *20 Novembre 1848*, qui considère que c'est à partir de la mise en demeure de payer le principal que courent les intérêts.

La citation devant un tribunal incompétent ne fait point courir les intérêts du capital réclamé (*cas. 11 Janvier 1847*).

Les intérêts de sommes recouvrées par un co-héritier ne sont dûs par celui-ci à la succession que dans le cas de mise en demeure, si les sommes n'ont pas été employées à son profit (*cas. 3 Mai 1848*).

Quoique la créance ne soit pas liquide, et dépende d'un compte à faire, l'anatocisme peut être demandé à l'égard des intérêts échus d'un capital, pourvu qu'ils produisent eux-mêmes des intérêts (*cas. 10 Décembre 1838, 11 Novembre 1851*).

On peut capitaliser les intérêts d'un compte courant entre commerçants, à des époques périodiques, soit trimestrielles, soit semestrielles, (*cas. 19 Décembre 1827, 14 Juillet 1840, 12 Mars 1851, 14 Novembre 1864*).

Les comptes courants des notaires avec leurs clients et ceux entre non-commerçants, ne peuvent comprendre la capitalisation des intérêts (*cas. 18 Mars 1850*).

La capitalisation n'est plus admise après la clôture définitive du compte courant (*cas. 28 Juin 1876*).

Les intérêts courent après comme avant l'échéance du terme (*cas. 10 Mai 1837*).

Les intérêts des sommes portées dans un compte courant, sont dûs de plein droit par celle des parties au débit de laquelle elles figurent, à partir du jour même des avances constatées (*cas. 17 Mars 1824, 11 janvier 1841, 8 Mars 1853, 24 Mai 1854*).

L'officier ministériel qui est resté en possession des fonds provenant d'une vente, est tenu de consigner s'il en est requis par un créancier; à défaut de consignation, il doit l'intérêt qui aurait été produit par la consignation. (*Cas. 12 Décembre 1826*).

Le mandataire chargé par son mandant de payer une créance et qui a employé la somme à son profit, en doit l'intérêt. Quand le mandat est commercial, les intérêts dûs par le mandataire sont commerciaux (*cas. 7 Mai 1845, 19 Décembre 1853*).

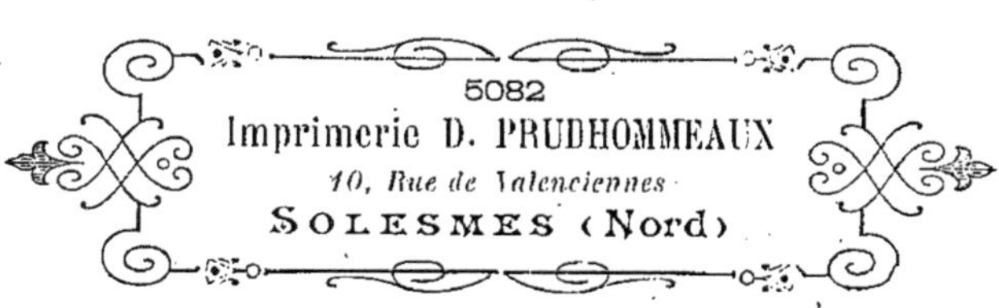
5082
Imprimerie D. PRUDHOMMEAUX
*10, Rue de Valenciennes*
SOLESMES (Nord)

www.ingramcontent.com/pod-product-compliance
Ingram Content Group UK Ltd.
Pitfield, Milton Keynes, MK11 3LW, UK
UKHW021209230726
13926UKWH00001B/411

9 782014 109016